SEPT DESSINS

DE

GENS DE LETTRES

MM. VICTOR HUGO, PROSPER MÉRIMÉE, EDMOND & JULES DE GONCOURT

CHARLES BAUDELAIRE

THÉOPHILE GAUTIER, CHARLES ASSELINEAU

FAC-SIMILÉS

PAR M. AGLAUS BOUVENNE

TEXTE DE MM. CHARLES ASSELINEAU, PHILIPPE BURTY, ALEXIS MARTIN

P.-MALASSIS, MAURICE TOURNEUX

PARIS

ROUQUETTE, LIBRAIRE-ÉDITEUR

85-87, PASSAGE CHOISEUL, 85-87

M DCCC LXXIV

Tirage à soixante-dix exemplaires numérotés et paraphés. Cinquante seulement ont été mis dans le commerce.

N°

Paris. — Imprimerie GAUTHIER-VILLARS, 55, quai des Grands-Augustins. — 2405-74.

I. — VICTOR HUGO

Bien peu, parmi les lecteurs de Victor Hugo, soupçonnent le poëte capable d'illustrer lui-même son œuvre si la fantaisie lui en prenait. Telle est cependant la réalité. Paysages, marines, ruines de burgs, cathédrales, villes fortes, il a fait tout cela maintes fois en se jouant, même les foules et les êtres à physionomie singulière.

Les premiers de ses dessins ont été des caricatures. Mme Hugo, dans le *Victor Hugo raconté par un témoin de sa vie,* constate sur un cahier de vers, achevé en 1815, « un œuf dessiné dans lequel on voit quelque chose d'informe et d'horrible, au bas de quoi il y a : « *Oiseau.* » Une gravité mordante est le caractère dominant de ces plaisanteries. Elles sont tracées d'un trait qui n'est jamais repris. Nous en avons trouvé une dans des papiers provenant de Lamartine, qui avait écrit au revers : « De Victor Hugot (*sic*). » C'est un *Homme moral,* un crâne, un œil, un bec, une redingote, le tout plongé dans une profonde méditation. « *Je n'aime pas toute cette poésie nébuleuse,* » lit-on au bas du profil d'un classique tracé au revers d'une lettre datée de 1827. Dans l'album de M. P. Meurice : « *Individu qui fait des visites,* » toute la vie est condensée dans le regard, qui vise la pointe des pavés secs.

M. Victor Hugo a terminé tout récemment une série d'une soixantaine de types effrayants, grotesques ou touchants ; ils composent tout le personnel du jugement, de la condamnation et de la torture d'une jeune possédée : casuistes, criminalistes, démonologues, juges ecclésiastiques, diables évoqués, témoins, physionomies des inquisiteurs pendant qu'on livre la jeune possédée nue à la torture, divers visages du public... Ce sont comme les têtes de chapitres d'un poëme de la bêtise humaine et du fanatisme.

Il faut lire dans le livre de Mme Hugo le récit des incidents qui précédèrent la première représentation de *Lucrèce Borgia.* On voit l'auteur reprenant les décorations et leur donnant leur véritable caractère. Il est certain qu'il y avait en M. Victor Hugo, artiste, l'étoffe d'un grand décorateur. Si les hasards de la vie n'eussent point provoqué d'abord l'éclosion de son génie de poëte, c'est droit au théâtre qu'il serait allé. Dès 1825, dans son voyage en Suisse avec Charles Nodier, nous lui voyons peindre à l'aquarelle le portrait de la vieille *Maison des drapeaux*, dans la rue des Dômes. Plus tard (1838), *le Rhin, lettres à un ami,* nous le montre s'arrêtant devant tous les burgs, tous les grands aspects du fleuve, toutes les dentelures des cathédrales gothiques.

On peut assimiler les dessins de cette époque aux plus farouches de l'école romantique, à ceux de Louis Boulanger, de Paul Huet, de Célestin Nanteuil. Ce sont ceux-là qu'on s'est plu à reproduire ; aussi n'insisterons-nous pas sur leur caractère de pittoresque, d'énergie, de fini typique et intelligent. Ils vont toujours à l'effet, si réduites qu'en soient les proportions.

Les dessins de l'exil sont d'un caractère moins exclusivement pittoresque. La pensée du poëte se teint de la mélancolie des temps. Le *John Brown au gibet* a été popularisé sous l'Empire par M. Paul Chenay. On voyait chez Charles Hugo à Bruxelles, place des Barricades, un drapeau tricolore, planté sur une bouée battue par les lames et les souffles d'un orage terrible, et flottant impassible.

Dans une lettre qui accompagnait l'envoi du dessin de *l'Eclair*, reproduit à l'eau-forte avec une rare perfection par M. Ch. Courtry, dans les *Sonnets et Eaux-Fortes* (A. Lemerre, 1869), M. Hugo s'excusait de « toutes les petites indisciplines qui le font user autant de la barbe de sa plume que du bec». En effet, les ciels sont le plus souvent traités à l'aide de cette audacieuse ficelle et n'en expriment pas moins bien les averses torrentielles. Beaucoup de ces dessins ont été faits après dîner, sur le coin de la table, avec ce qui restait dans le fond d'une tasse de café noir, ajouté à l'encre de l'encrier. Comme cette encre est bien plus mordante que l'encre de Chine ou la sépia, elle traverse le papier, qui est souvent de simple papier à lettre. Il en résulte un second dessin, renversé et dans un vague effet de brouillard. C'est précisément le cas du *Burg* dont M. Aglaüs Bouvenne a si bien répété la solide sveltesse et l'apparition lumineuse.

Il faut relire le livre de M. Lecanu, *Chez Victor Hugo, par un passant* (1864). On y trouve, outre le relevé d'inscriptions typiques, l'indication de bordures magnifiques, en sapin verni, décorées d'ornements gravés en creux et dorés, et d'arabesques à la gouache, fleurs fantastiques, oiseaux, insectes. M. P. Meurice en possède une, signée et datée : *Siége de Paris, 5 septembre* 1870, — 2 *février* 1871. Ce lavis repris à la plume, *Un Nid de burgs*, n'a de supérieur, quant aux dimensions, que celui que Vacquerie acquit, en 1852, à la vente de l'appartement du poëte proscrit. Exécuté d'octobre 1848 à décembre 1851, il mesure soixante-quatre centimètres de largeur sur soixante-deux de hauteur ! C'est un Paris, vu au clair de lune, des fenêtres du cabinet de travail de la rue de La Tour-d'Auvergne. Les palissades du jardin au premier plan sont rendues avec autant de minutie que le sont avec largeur les masses de la ville flottant dans la lumière lunaire. C'est un chef-d'œuvre qui garderait son rang dans un musée.

Rarement des figures traversent cet œuvre, qui, par ses qualités de conception, de rendu, d'interprétation propre des effets et de la poésie intime de la nature, donne l'idée de ce qu'y eût ajouté l'étude sérieuse et suivie. Mais à l'aide du symbolisme des choses, il sait aussi évoquer les profondes émotions paternelles des *Contemplations*. Voici une composition postérieure au fatal événement de Villequier : au fond d'un paysage sombre, les tours rigides d'une cathédrale ; au premier plan, vaguement tracé sur un ovale de pierre, le profil en buste d'une jeune fille, habillée à la moderne et une étoile au front ; des tiges épineuses et fleuries s'enlèvent sur le ciel bleu, cachent un nom et laissent lire : « *Fracta juventus.* »

Aux indications que nous avons semées dans cette brève notice, sur ce que l'on a reproduit de l'œuvre dessiné ou colorié de M. Victor Hugo, nous joignons celles-ci :

On rencontre de ses dessins à la plume ou au crayon noir, sépias, aquarelles, chez mesdames : Bouclier, d'Aulnay, Denain, Drouais, Charles Hugo, Paul Meurice ; chez MM. le docteur Allix, Ph. Burty, A. Busquet, P. Meurice, P. de Saint-Victor, A. Vacquerie.

A la Bibliothèque nationale, dans l'œuvre de Louis Marvy : quatre gravures au vernis mou, à l'occasion d'une loterie de bienfaisance dans les salons de la place Royale.

Dans l'*Album cosmopolite* ou Choix des collections de M. A. Wattemare, dédié aux artistes de tous les pays : *Vue de Lierre, prise d'Anvers; souvenir de Belgique*, 12 *août* 1837. Lithographié par André Durand, publié en deux tirages par l'éditeur Challamel. Un très-curieux article de Th. Gautier, non réimprimé, sert de texte. Cette vue a été réduite sur bois pour *l'Illustration*, vers le même temps.

La France littéraire, t. I, 1840 : *Lucerne*, 13 *septembre* 1839 ; un pont de bois avec toit, lithographié par André Durand ; *Vues prises d'Abbeville et Strasbourg*, deux petits bois qui ont été publiés l'année suivante par l'éditeur Challamel dans le *Livre d'étrennes*. Un article d'Alphonse Esquiros, *les Loisirs d'un poëte*, nous apprend qu'au bas de ces dessins, empruntés à l'album de Mlle Léopoldine Hugo, on lisait : « A ma Didine. »

L'Artiste, en 1841 : *la Vieille Ville*, eau-forte, par M. Edmond Hédouin, d'après un dessin détaché d'un album de souvenirs de voyages en Allemagne, appartenant à Charles Hugo.

C'est de ce même album que faisait partie une lettre fac-similée également dans *l'Artiste*, à la plume lithographique, par M. Challamel. Deux burgs, *le Rat et la Souris*, sont finement dessinés en marge du texte.

John Brown, gravure à l'aqua-tinta par M. P. Chenay. Sur quelques-unes des premières épreuves, saisies par la police impériale, on lit : *Pro Christo, sicut Christus.* Une lettre de M. Hugo au graveur, datée d'*Hauteville-House*, 21 *janvier* 1861, était livrée avec cette œuvre. On trouve de cette composition un bois réduit dans *les Causes célèbres*, liv. III, 1863.

Dessins de Victor Hugo, gravés par Paul Chenay, texte par Théophile Gautier ; Castel éditeur, 1863. Un portrait du maître, d'après une photographie prise à Jersey, par A. Vacquerie ; une vignette de titre et dix bois dans le texte, gravés par Gérard ; un titre et douze dessins à deux tons. La plupart des originaux ont été prêtés par Vacquerie, qui les a souvent gagnés à M. Hugo au jeu de dames, échangés contre un beau meuble moyen âge, ou acquis dans des ventes.

L'Artiste, 1867 : *les Rayons et les Ombres*, lithographie de M. Jules Laurens d'après un tout petit original au crayon, envoyé de Guernesey pour une vente au profit des ouvriers cotonniers de la Normandie. *Laurens restauravit*, lui fut-il écrit pour le remercier.

L'Album autographique, août 1867, et la *Revue du* XIX*e siècle*, octobre de la même année : *le Château de Ruy-Gomez*.

Les Travailleurs de la Mer, édition illustrée, Hetzel éditeur : *le Roi des Auxcriniers*, *la Chaise Gild Holm Ur*, et *Saint-Malo*. Ces bois, qui portent, par excès de scrupule, les initiales V. H., ont été dessinés par M. Fr. Chifflart sur de simples indications.

Sonnets et Eaux-Fortes. Voir plus haut *l'Eclair*. *L'Année terrible*, édition illustrée, in-8, M. Lévy frères : *Falkenstein*, mis sur bois par L. Flameng, ainsi qu'un autre croquis qui n'a pas paru. *Jeanne, V. H., Bruxelles, 13 avril* 1871 ; l'enfant, vue de dos, montre du doigt un vol d'oiseaux. *Le Rêve de Jeanne, V. H., Mondort; août;* elle suit avec un fouet une vache énorme. Ces deux croquis exquis sont également demeurés inédits.

Enfin, *le Burg*, par M. A. Bouvenne, d'après un lavis à l'encre, envoyé en 1867 à celui qui écrit ces lignes.

PH. B.

II. — PROSPER MÉRIMÉE

Les dessins de Prosper Mérimée ne sont guère moins nombreux que ceux de Victor Hugo; mais ce qui, chez celui-ci, provient de l'exubérance du génie, a été, pour le premier, un goût délicat, châtié par une éducation savante. Fils d'un élève de Vincent, qui, outre quelques gravures, a laissé un estimable *Traité de la peinture à l'huile*, lié de bonne heure avec Delacroix et avec le cénacle de la rue Notre-Dame-des-Champs, obligé plus tard à de fréquents voyages par ses fonctions d'inspecteur général des monuments historiques, Mérimée eut toute tentation de s'escrimer du crayon et du pinceau. Toutefois, si l'on excepte le portrait d'Hyacinthe Maglanovich (dans l'édition originale de *la Guzla*), qui, malgré la signature *A. Br.*, est certainement de lui, ses œuvres littéraires furent publiées sans vignettes ; mais les planches de ses *Voyages archéologiques* sont, à n'en pas douter, de sa main ou exécutées d'après ses croquis.

Parfois il offrit à des amis les manuscrits illustrés de quelques-unes de ses nouvelles : celui de *la Chambre bleue*, trouvé dans une petite bibliothèque des Tuileries, où il fut brûlé, était orné d'une aquarelle représentant le sang de l'Anglais passant sous la porte et effleurant la mule de la jeune femme ; il en existe un fac-simile à l'eau-forte dans l'édition in-8 publiée à Bruxelles; il a été reproduit sur bois dans *l'Indépendance belge* et dans la première édition des *Dernières Nouvelles*. Le plus souvent, Mérimée n'avait d'autre but, en écrasant le bec de sa plume, que d'occuper son esprit et ses doigts ; on l'a vu dessiner partout, à l'Académie, au Sénat, dans les diverses commissions dont il était membre; c'est ainsi que, tout en écoutant le fameux réquisitoire de M. Dupin contre le luxe des femmes, il fit et abandonna sur son pupitre cette grenouille à falbalas que *l'Autographe* du 1er août 1865 a recueillie. La *Charcutière espagnole* que voici, entourée de croquis divers et d'inscriptions polyglottes, a été esquissée durant une séance de l'Institut.

On retrouverait aisément dans les *Lettres à une inconnue* la trace des deux seules faiblesses que l'on ait pu reprocher à ce rare esprit : la haute opinion qu'il avait de son talent de peintre, et la prétention assez singulière d'être un habile archer. Il laissait volontiers à qui les lui demandait les bonshommes dont il couvrait son pupitre ; mais il ne se séparait pas de ses aquarelles sans faire sentir l'importance du sacrifice ; et cependant il était mince.

Les chats étaient l'objet de ses prédilections particulières; toutefois, ce crayon un peu rêche et maigre était impropre à saisir la grâce exquise et les poses câlines que Delacroix a tant de fois surprises. En revanche, sa précision de coup d'œil lui permettait de noter rapidement et sûrement, dans ses voyages, le fragment sculpté ou le tableau qui l'avait arrêté : on trouvera, par exemple, dans un des livres les plus curieux de M. Champfleury, un chat égyptien dévorant des oiseaux, copié par Mérimée au British Museum sur une peinture contemporaine de la XVIIIe dynastie.

En somme, ses qualités de dessinateur ne sont pas sans analogie avec son talent d'écrivain : dans ses ébauches nées d'un hasard, comme dans ses plus merveilleux récits, le sentiment très-vif du pittoresque n'exclut jamais celui de la correction.

M. T.

III & III *BIS*. — EDMOND & JULES DE GONCOURT

Edmond de Goncourt a lavé à l'aquarelle ce portrait de son frère Jules dans cet appartement de la rue Saint-Georges, habité par les deux frères jusqu'aux dernières années de l'Empire et décoré avec le goût le plus aimable et le plus personnel. Des sanguines de Watteau, des crayons de Boucher, des sépias de Fragonard, des aquarelles de Baudouin, des pastels de La Tour, des croquades de ce Gabriel de Saint-Aubin qu'ils ont si heureusement exhumé, couvraient les murs de toutes les pièces, pendant que les terres cuites de Clodion, les biscuits de Sèvres et les porcelaines de Saxe ornaient les tables, les encoignures, la cheminée. C'était là, avec leur bibliothèque pleine de brochures, de correspondances inédites, de manuscrits, de cartons de gravures et de portraits, les matériaux de leur *Histoire de l'art du dix-huitième siècle*.

Edmond et Jules avaient d'abord projeté de devenir des peintres. Peu de jours après les événements de Juin, ils partaient pour un grand tour de France. Jules, qui venait de sortir du collége Bourbon, était si blond et si rose, si imberbe et si gracieux sous sa blouse de coutil gris, que, dans des auberges, des servantes s'y trompèrent et crurent qu'il était une femme qui se faisait enlever. Ils allaient à pied, par étapes, dessinant, faisant de l'aquarelle, prenant des notes d'artiste et d'archéologue. Edmond a publié quelques dessins d'après des bois sculptés du moyen âge, dans la publication de Ferdinand Seré. Ils étaient partis de Bar-sur-Aube. Ils mirent six mois à arriver à Marseille, à travers le Dauphiné, le Lyonnais, la Provence. De là ils s'embarquèrent pour Alger et y vécurent dans le quartier purement arabe, allant de ruelles en bazars et couchant, les belles nuits, dans une barque.

Jules eût fait un aquarelliste énergique. La caractéristique de son travail se placerait entre la silhouette âpre de Decamps, les ombres bitumineuses de Hervier et les fraîcheurs exquises des Anglais. La *Rue de la Vieille-Lanterne*, reproduite ici, la rampe de fer de cet escalier où fut trouvé pendu Gérard de Nerval, est le type le plus résumé de sa façon de tracer à la plume la silhouette des choses, et de la poésie qu'il en dégageait.

Quand ils se furent mis à écrire, Jules fit une révision de ses essais d'artiste et brûla presque tout. Une de ses toutes dernières aquarelles est une étude sur nature pour *Germinie Lacerteux* (1867) : la fosse commune au cimetière Montmartre, un jour de neige. L'effet en est aussi simplement dramatique, aussi profondément parisien par l'aspect que le sont les pages elles-mêmes de cette admirable étude littéraire.

Ils firent, en 1855, un premier voyage en Italie. Le second fut fait pour recueillir sur nature les matériaux du cadre de *Madame Gervaisais*. Leurs livres de notes sont couverts de croquis et de pochades, d'attitudes par exemple et d'effets rapides.

Jules, comme on sait par les livraisons de l'*Histoire de l'art du* XVIIIe *siècle*, a beaucoup gravé. J'ai compté, pour un catalogue détaillé de son œuvre, — que je prépare pour accompagner la publication d'une vingtaine de ses cuivres d'après Gavarni, demeurés inédits, — quatre-vingt-cinq pièces d'après la nature, d'après Gavarni et d'après les maîtres du XVIIIe siècle : Watteau, Chardin, Boucher, La Tour, Greuze, Saint-Aubin, Gravelot, Cochin, Eisen, Moreau, Debucourt, Fragonard, Prud'hon. Ces eaux-fortes sont d'une originalité qui eût fait la fortune d'un artiste de profession. Elles pénètrent avec une sagacité singulière dans le vif de l'œuvre à reproduire. Elles sont d'un travail leste et patient, inventé et habile, moderne et érudit à la fois. Edmond, dans cette association bien plus que fraternelle de deux êtres qui n'ont été séparés qu'une seule fois pendant vingt-quatre heures, était plus particulièrement le collectionneur. Il a pris aussi cependant quelquefois la pointe de l'aqua-fortiste.

PH. B.

IV. — CHARLES BAUDELAIRE

L'aptitude de Charles Baudelaire à l'art du dessin était d'autant plus frappante que, lorsqu'il prenait le crayon ou la plume, c'était à l'improviste, comme pour soulager sa mémoire d'une physionomie définitivement accentuée et résumée dans son cerveau et la fixer en quelques traits décisifs. Il était caricaturiste dans le sens précis du mot, avec les deux facultés maîtresses de la pénétration et de l'imagination, et un don d'expression vivante et sommaire. Pour rapides et cursifs que soient ses croquis, ils résultaient d'une élaboration mentale inconsciente et lente; ses modèles étaient ceux que l'habitude ou le courant de la vie imposait à son attention : figures littéraires obsédantes, physionomies d'amis intimes, visages de créatures singulières, et, plus rarement, image d'un *homme* sur qui son regard s'était concentré dans quelque circonstance mémorable. Nous l'avons ainsi vu jeter sur le papier, en 1850, une étonnante silhouette de l'Auguste Blanqui d'un club de 1848. « Si vous ne le connaissez pas, nous dit-il... le voici... » Et il nous en fit don, après avoir transcrit au-dessous des vers de Byron sur l'inévitable destinée.

La charge de Champfleury, excellemment fac-similée par M. Aglaüs Bouvenne, doit être aussi de 1850. Notre ami portait alors les cheveux longs; son front s'ombrageait de mèches emmêlées et pleureuses qui contrastaient avec sa physionomie narquoise, accentuée par un menton en galoche et des moustaches de chat. Il est sensible que Baudelaire a crayonné ce croquis avec plaisir, avec affection même, et non sans contentement il l'a signé de sa propre charge, remarquable par le développement libéral donné au nez de priseur qu'il avait reconnu à Samuel Cramer, son pseudonyme de la nouvelle *la Fanfarlo*.

Quatre dessins de Baudelaire, parmi lesquels se remarque un portrait de M. Charles Asselineau, ont été reproduits dans *le Petit Figaro* du 24 juillet 1868; deux portraits de Baudelaire par lui-même ont été fac-similés depuis par MM. Bracquemond et Bouvenne : l'un pour le volume *Charles Baudelaire, souvenirs, correspondances*, etc., Paris, Pincebourde, 1872; l'autre pour le livre *Charles Baudelaire, sa vie et son œuvre*, Paris, A. Lemerre, 1869.

A. P.-M.

V. — THÉOPHILE GAUTIER

Au premier retentissement du cor d'Hernani, Théophile Gautier quitta l'atelier du peintre Rioult et s'engagea dans l'*âpre montagne romantique*. Le poëte avait déjà beaucoup dessiné alors, mais il est permis de supposer qu'il ne reste rien ou peu de chose de ses études de ce temps-là.

Où sont les croquis qu'il faisait à six ans d'après les eaux-fortes d'Ozanne? Où sont les décors qu'il peignait à huit ans pour son théâtre d'enfant? Qu'est devenu le *dessin colorié représentant la gueule de l'Enfer*, dont il orna le *Prince des sots*, — un mystère perdu de Gérard de Nerval? — Chez quel brocanteur est enfoui le dessus de glace d'un hôtel de la rue du Doyenné, où il peignit un déjeuner sur l'herbe, « imitation, dit-il, d'un Watteau ou d'un Lancret quelconque. » Le tailleur Gaulois vit-il encore? A-t-il conservé le dessin du fameux gilet rouge de la première d'Hernani ?

Un croquis de cette époque nous est parvenu : c'est une petite tête d'enfant aux grands yeux naïfs, à la bouche mignonne, au front intelligent orné d'un mince diadème ; elle est vêtue à la mode du temps et posée dans la gracieuse attitude du repos; ce croquis est tracé sur un album qui appartint à la duchesse d'Abrantès.

M. Maurice Dreyfous, un ami du poëte, possède plusieurs de ses dessins, entre autres : une esquisse au pastel qui rappelle un peu, comme préparation, le procédé d'Antonin Moine : c'est une tête de femme aux longs cheveux noirs ; une mine de plomb représentant un homme et une femme en costumes Louis XIII, causant assis sur un banc de gazon; et, chose fort rare, une petite tête peinte. Il faut pénétrer chez M. Arsène Houssaye pour trouver une autre toile de Gautier.

On connaît deux eaux-fortes de Th. Gautier ; la première est le frontispice d'un livre de M. Arsène Houssaye : *la Couronne de bluets ;* de la seconde, il n'existe, dit-on, que deux épreuves, dont l'une appartient à M. Charpentier, acquéreur de ses œuvres complètes : c'est le portrait de Gautier, rappelant un peu celui que Célestin Nanteuil fit à la mine de plomb en 1838 et que garde M. Ch. Asselineau.

Le sculpteur Millet possède un dessin à la sanguine sans contredit le plus joli que Gautier ait produit : ravissante tête de femme vue de trois quarts, dont le buste est à peine indiqué.

Du voyage en Afrique qu'il fit en 1845, le poëte rapporta bon nombre d'aquarelles qui devaient lui servir pour illustrer une relation de ce voyage, à la librairie Hetzel. Cette publication resta à l'état de projet, mais les dessins sont encore chez l'éditeur. Le *Musée universel* a donné la reproduction de deux pièces de cette série : *Une Laveuse juive*, et le portrait plein de lumière de la danseuse *Ayscha.*

C'est aussi de l'Algérie que Gautier rapporta l'idée de *la Juive de Constantine*, drame représenté en 1846 à la Porte-Saint-Martin et pour les décors duquel il fournit les maquettes.

Plus tard, en Russie, il fut admis à la Société des *Vendrediens* et offrit un dessin pour sa bienvenue : tête de femme couronnée de fleurs, une Ophélia, si l'on veut.

Lorsque dut paraître *le Capitaine Fracasse*, Gautier crayonna une grande lithographie représentant son héros enveloppé dans son manteau et la main sur sa rapière. Cette affiche disparut pour être remplacée par celle de G. Doré.

Le dessin que nous donnons a été communiqué par M. Maurice Dreyfous; il ne serait pas impossible que ce profil d'une pureté antique fût celui de l'une des filles du poëte, Mlle Judith, aujourd'hui madame Catulle Mendès.

A. M.

VI. — CHARLES ASSELINEAU

Tout le monde retrouvera sans doute dans sa mémoire les vers de Sainte-Beuve auxquels fait allusion ce dessin : ce sont ceux de la pièce intitulée *Vœu*, p. 77 de la dernière édition des *Poésies* (Charpentier, 1869) :

> Pour trois ans seulement, oh ! que je puisse avoir
> Sur ma table un lait pur, dans mon lit un œil noir...

Cette innocente caricature fut inspirée peut-être au lendemain d'une soirée où l'auteur des *Consolations*, en humeur de gouailler, voulut bien esquisser le souvenir de telle séance mémorable de l'Académie, en rappelant les intonations et les gestes de tel ou tel membre (MM. Victor Cousin, Villemain et quelques autres). L'auteur du dessin aura involontairement rapproché de cette mimique un peu imagée et abondante les vœux modestes du poëte de 1829. Toutefois cette interprétation d'une bouffonnerie déjà lointaine nous a paru pouvoir se passer des protestations d'une admiration sincère et maintes fois prouvée.

Ch. A.

Я тверда не боюсь ни ножа ни огня
Я тверда не боюсь ни ножа ни огня
пуля дура а штыкъ молодецъ

JULES DE GONCOURT

Tiré de la collection de M. Edmond de Goncourt

CHARLES BAUDELAIRE

Pour trois ans seulement oh ! que je puisse avoir
Sur ma table un lait pur, dans mon lit un œil noir

www.ingramcontent.com/pod-product-compliance
Lightning Source LLC
LaVergne TN
LVHW052033160826
845678LV00003B/1324

9782329655697